POBRES CRIATURAS

POBRES CRIATURAS

Alberto Ávila Morales

© Alberto Ávila Morales
© Fotografía de solapa: Ana María Reyes Cano
© Tipografía de título en cubierta y prólogo: Eugenio Rivera Claudio

© Mahalta Ediciones
www.mahalta.es

Colección Adivinos n.º 28
Primera edición: febrero 2026

ISBN: 979-13-990232-6-8
Depósito Legal: CR 163-2026

Impreso en España

Mahalta Ediciones es un sello editorial de Añil Desarrollo Gráfico, S. L.
www.anil.es

ANTES DEL PRINCIPIO ERA EL PRO-LOGOS

El caradura Harry Lime, en *El tercer hombre*, le decía displicente a su amigo Holly Martins —un triste *paperback writer* pre-Beatles— que las hormigas que ambos divisaban desde su atalaya de la noria del Prater, bien podían dejar de vivir y no por ello iba a suponer una gran pérdida para la Humanidad. El poeta Alberto Ávila, en este libro que ahora da a la imprenta, nos dice: «Subido yo a una pompa de jabón, / admiro su caminar [el de los coetáneos]». Con las oportunas pompas de jabón y los inexcusables caminantes machadianos —como atrezo— recorriendo el poema, el plumífero apela sin duda a las pobres criaturas que pueblan este valle de lágrimas de norte a sur y que dan cumplido rubro a su tan inquietante florilegio lírico. Cierto que —salvando las distancias con el film de Orson Welles— en los versos antedichos el autor no incita a la extinción de sus paisanos (como amenazaba el cínico traficante de antibióticos en una derruida Viena), pero su mirada cenital también se aviene a la hora de levantar acta de pérdidas y orfandades con sus rimas de fiel notario versado en naufragios y eclipses. Y es que —tras el aguafiestas Orwell— no podemos obviar que entre el *big bang* primigenio y el ingenio del *big data* hay un omniabarcante *big brother* que acecha, sin que acertemos a saber si sus designios están recamados de ribetes divinos, lentejuelas infernales o flecos mediopensionistas. Sea como fuere, el vate no está dispuesto a renunciar —en su arrebato de épica *hybris*— a colonizar en calidad de okupa el planisferio celeste que su ausente demiurgo (ya sea este, chismosa portera, indiscreto *voyeur* o el mismísimo sursuncorda) abandonó estrepitosamente haciendo mutis por el foro. Y pensar que hay quien sigue sosteniendo —¡ay, terraplanistas de ocasión!— que el bardo es sin más una hipóstasis de la divinidad... ¡Pobres criaturas! Y no lo afirma el que esto escribe: lo asegura el propio poeta.

Veamos. Cuando Ávila Morales se apresta a encontrar un socorrido apelativo —el susodicho «pobres criaturas«— para sus congéneres no se anda por las ramas (como nuestros ancestros) y, aun pecando de lenguaraz, no puede ser más certero: lo hace con la sana intención de reconocerse entre las filas de esa misma calaña alelada y, en su elocuente taxonomía, es más lúcido que el propio Linneo con sus ampulosos latinajos de saldo (vástagos de otros más genuinos y alcanforados) —verbigracia: *Fiat lux* y *Tempus fugit*—, que también campan por sus respetos en los vitriólicos versos del liróforo: «Qué fugacidad / en la oquedad de las ventanas».

El eslabón perdido que persiguiera afanosamente Darwin —émulo del Perceval de la *quête* del Grial— no cayó en las ávidas garras del sabio británico porque con toda seguridad el homínido prehistórico puso pies en polvorosa (como su enantiómero galáctico) y se apresuró a huir despavorido —selva a través— al percatarse de que se jugaba el pellejo de su inmaculada estirpe a manos del pavoroso estigma de la conciencia futura, regalo envenenado (donde los haya) que amenazaba con arraigarle en la testuz el consiguiente penacho de arborescente narcisismo estéril con su red infinita de sinapsis, axones y neurotransmisores. Dice el poeta: «Tal vez el castigo más terrible que se nos dio / fue saber discernir». Ese sagaz bípedo híbrido, pero de afortunada cola prensil —por una parte, vástago aberrante de la entrañable Chita de Tarzán y del acosado King Kong de Wallace, y, por otra, padre putativo él mismo del estoico mono del *Informe para una academia* de Kafka y de los almibarados protagonistas de celuloide de *El planeta de los simios*—, en su inopinada fuga debió atisbar lo que se le venía encima en ese tránsito sin solución de continuidad que supone pasar de la «criatura pobre» a la «pobre criatura», paranomasia de libro y paradoja de libre: la «delgada línea roja» que separa el eximio del exsimio (sic), a pesar de la desconcertante homofonía de los contrarios. La bestia fronteriza, siguiendo la terminología acuñada por el filósofo Eugenio Trías, ocupa el frágil pero habitable suelo ontológico de los inocentes, como este pro-logos, que está usted leyendo, se sitúa en equilibrio inestable entre el candor del mito y el temblor del logos.

Alberto Ávila se lo huele con su fino olfato de sabueso curtido en mil y una lides cinegéticas y es sensible a las catecolaminas del miedo: «Pobre criatura que perdió / en aras del saber / aquella plenitud de la floresta». ¿Y quién es el último responsable de tal desaguisado?, nos preguntamos. ¿Qué mente enferma ha articulado esta carnavalada macabra? ¿Quién nos arrebató el inocente plátano warholiano para imponernos a cambio la díscola manzana magrittiana? Dice el poeta: «No hay peana que soporte / tanto dios de escayola». El vacío existencial —a través de sus 40 huellas de rigor— da lugar a la pertinente denuncia. Cual Mago de Oz, el

Impostor Áureo ha asomado la patita por debajo de la puerta celestial poniendo de relieve su mala baba: el libro —aviso para navegantes— que usted, lector, está a punto de acometer principia con un poema sumamente alarmante en su ironía —una de las siempre incisivas armas de doble filo que esgrime el bueno de don Alberto— con el título de «Podrenuestra». Ocurrente neologismo de espuria etimología delirante (con malévolo tirabuzón «feminista» final) para convocar términos lautréamontianos —podredumbre & «muchadumbre»— caricaturizando de tal guisa el Padrenuestro de nuestro Padre (ejemplo máximo de ejemplar absentismo laboral, como ya ha quedado dicho).

Alberto, como antes el peruano César Vallejo («Yo nací un día / que Dios estuvo enfermo») o el uruguayo Horacio Ferrer («La pequeña nació un día / que estaba borracho»), «¡nacía con un insulto en la voz!». Exabrupto descarnado pero lírico, grito oscuro, mas luminoso por la gracia de Dios, aunque a él —al poeta— no le haga ni puñetera gracia el escaqueo olímpico del Sagrado Patriarca de nuestras compungidas entretelas. Saliendo precipitadamente a hurtadillas por la escalera de servicio para no ser visto por los milagreros y las beatas de las sectas, las reliquias y las mercadotecnias futuras. Mandamás que, en su epifanía fingida, no puede disimular que le huelen los pies y que no tiene ningún escrúpulo en echarse al coleto todo aquello que sus insaciables fauces sean capaces de devorar: «Pero Cronos llama / y a su furia he de ceder», *dixit* nuestro autor en los versos de un bordón del libro que nos ocupa.

Pero, tranquilos, que la sangre («Siempre la sangre, oh Dios, fue colorada», como cantó Blas en su fiesta sombría sin Coca Cola) no llega al río. Para alivio de perplejos y descarriados contamos, sin embargo, con la higiene de las chispeantes *big bands* —estridente metáfora que anglifica/amplifica la farándula juglaresca acústica— que vienen desde siempre a mitigar heridas y contusiones congénitas o adquiridas de diversa consideración, tanto de los malhadados productos de aquel lejanísimo *big bang* como de esotras víctimas irredentas de los rabiosamente actuales *big data* y *big brother*. Dice el escribidor Alberto *Big* Ávila Morales (también cantautor goliardesco, como el Brassens del gorila, para más señas): «Solo ella, nuestra pluma, / ella sola nos salva con su trazo». ¿Qué seríamos, pues, sin el bálsamo reparador de la escritura y la música? O sin las dos: la poesía las abraza a ambas como las hermanas siamesas que son, a pesar de la forzada cirugía de ligadura de fístulas a la que fueron sometidas en los tiempos de Maricastaña.

Y eso que al parecer no es necesario recurrir al mentado «discernimiento» para escribir *El Quijote* desde que se postulara el algo/rítmico teorema del mono infinito, como escarnio al borgiano Pierre Menard. ¡La cosa va de micos, por lo que se ve!

Mas, ya se sabe: aunque la mona se vista de seda... *Everybody's Got Something to Hide Except Me and My Monkey.*

Empero ahora, para colmo de males, nos cae —como inoportuna piedra de Sísifo— en la acangallada chola la procelosa Inteligencia Artificial —trasunto del rijoso Rey Louie de Disney— que amenaza con escribir sonetos como los que compusiera el brillante caletre cabalístico de don Luis de Góngora y Argote. El asunto tiene sus perendengues. Qué les queda, pues, a las pobres criaturas de Dios —que nos presenta el poeta madrileño Ávila Morales y de las que se duele— más que tirarse al metro o a la taquillera en su desesperación. Que Dios (o su sosias) nos coja confesados, aunque intuyamos que ni Dios ni el confesionario ni el atribulado meapilas de eucaristía diaria concurrirán a la cita de sacristía y agua bendita por más que les convoquemos, puesto que todos ellos están a por uvas, o por mejor decir: viven sin vivir en sí mismos, ensimismados como están en las musarañas del techo (perdón, artesonado quería decir, que estamos en un templo de mucho postín).

Lo cierto es que las pobres criaturas que nos rodean y a las que rodeamos (en justa reciprocidad, cual espejo valleinclanesco) son/somos un rebaño pródigo y prodigioso en su/nuestra (léase: siniestra) condición de grey sepulcral que viaja sin billete de ida y vuelta al abismo de la entropía de los justos. Y el poeta Alberto Ávila Morales —¡oh, cielos, qué horror!— lo sabe («del humor al amor al horror»: el que avisa no es traidor). Y lo canta —y nos alerta— con su «voz inerte» de sinsonte cojonero.

Mas, en cualquier caso, abnegado lector, qué importa que lo sepa o no. El poeta es el poeta, como reza una irritante tautología no escrita. ¡Y, además, qué leches: es un fingidor!

Habida cuenta de ello no tenemos nada que objetar: *Se non è vero, è ben trovato.*

EUGENIO RIVERA

No hemos sabido ser dioses
por eso acabamos siendo sombras.

Si en tu cuerpo no has sentido
engaños de los amigos,

ausencias en los presentes,
el dolor por los ausentes,

el halago de enemigos
o el porqué de los vencidos,

si no sentiste ni sientes
será porque no has vivido.

Si no saliste de tu Edén,
no podrás andar por esta selva.

I
Pobres criaturas

PODRENUESTRA

Podrenuestra
que estás sobre la tierra
y sus conjuntos,
maldita sea tu estampa
que nos aterra y estercola,
hartos andamos ya de tu reinado,
perdónanos tu presencia
así como perdonaremos
tu mueca descarnada,
deja esa tu voluntad en descanso
dejándonos caer
en nuestras estúpidas tentaciones
y líbranos de tu fétido olor.
Amén.

ACERTIJO

Y de pie, que se hace lodo,
y de pluma, que se hace ala.
Mientras tú recorres el mismo camino,
tu tiempo entretengo.
En la mañana que se hace tarde,
en la noche que navega el miedo,
tu tiempo mido en mi pensamiento.

¡Qué soy sino la hora
que en ti alarga la vida
mientras a tu lado me voy consumiendo!

Esencia de perfume
que una vez olido se disipa en el viento.

Y a pesar de todo,
ingrávido como soy:
¿qué sería de ti sin mí?,
¿qué de tu cuerpo sin mi cuerpo?

El paso del tiempo

Sobre la piedra,
lo humano,
el sudor que trasciende,
testimonio de lo que duele,
nunca inútil, aunque en duda.

De lo otro, de más altos vuelos,
queda la constancia de lo rezado,
el residuo de luz
que prende en las tinieblas de la gente,
lo fiado en el maná,
la supuesta bondad del animal erguido.

¡Pobre criatura que perdió
en aras del saber
aquella plenitud de la floresta!

Abajo, la piedra
—con las huellas de un pie
testimonio de lo huido—
inerte
esperando el retorno de la hierba,
la eternidad tranquila del olvido.

TENSANDO EL CABO

En este claustro de sombras
con que me hiere el tiempo,
en esta humosa soledad
que se me cierne,
me pregunto si habré de entrar
con la dignidad debida, aquella
que se imagina de los césares,
de los héroes mitológicos,
o me vencerá
el vértigo de lo humano,
carne descabalgada del alma.

Mientras tanto,
el hombre gritando al hombre,
el metal rasgando el aire,
un vasto mar y la esperanza
de uncirlo a nuestra quilla,
besar una piel desnuda
hollando el pasto de la seda,
tensar la soga de las horas
olvidando estar al cabo de la calle,
querer al cuerpo ciegamente
sin pensar que está
bajando hasta el fondo de la escalera.

QUERIDOS AUSENTES

¡Que no es lo mismo, no, la muerte
en un marco de plasma líquido
que junto al marco de una ventana,
al lado del doliente lecho!

¡Que no es lo mismo, no, la muerte
en satinado papel couché
que en papel de aluminio
que cubre el silencio!

Hay muertos de primero principal
y muertos de cajón de desechos,
aunque todos duelan
en mi íntimo numerario.

Hay muertos adornados,
hay muertos de réquiem altísimo
y solitarios huérfanos de vida,
muertos para pedir su perdón,
y aquellos que no
perdonarán su vida.

Y para no desentonar,
los altisonantes muertos sin ruido,
todo un muestrario
de los macabros juegos de la vida.

Aunque todos duelan
en mi íntimo numerario.

ALMAS DE ASFALTO

Aquellos que no cantan.

Los que no pueden oír
el rumor del viento
sobre el trigal.

Los que cayeron
junto a la tapia
y su voz nos levanta
gritando su silencio.

Los que al cabo de los años
siguen igual,
sin ninguna explicación.

Aquellos que no bebieron
el vino de la cosecha.

Los que lucen camisas
blanqueadas por cal
y su rezo no halla eco
en ninguna catedral.

Los que murieron de pie
o partidos en tropel.

Almas de asfalto,
sin voz.

POBRES CRIATURAS

El largo y tedioso desalojo
de aquel inquilino que fuimos
y su memoria.
¡Pobres criaturas!
Estúpidas luminarias
intentando robar la luz,
espejismo de las calles;
aquellos enseres que amontonábamos
y nos servían de parapeto,
las trincheras que ocuparon
nuestros miedos;
todo sigue ahí enmohecido,
pero vigilante.
¡Los hechos!

Lo fantástico, lo execrable,
lo magnífico, lo perdonable;
ese mobiliario que nos fue
abrillantando la armadura
que hoy luce sus grietas.
Algunos huimos de guerras
como del espanto,
otros mancharon el mar
con sus metales,
siendo valientes nos maldijeron,
y por cobardes ganamos medallas
en la huida.

¿Quién nos sorprenderá
en el aviste del último espejo?

LOS PARAÍSOS DESPOJADOS

Nunca, nunca en verdad,
se ha de volver a
los paraísos despojados.

Cuando se ha sido ángel
y se desciende
a embrearse de humanidad,
insertarse otra vez las alas
es fatigante,
por no decir
altamente indecoroso.

Así lo he sentido
a menudo en mis sueños;
el vuelo resulta rasante,
y si te elevas
por encima de edificios, el vértigo
aparece incómodo.

Poniéndolo en términos
de aeropuerto celestial,
¿no seríamos cómo
almas en tránsito?

LA MEMORIA DEL TIEMPO

El pecado mayor del hombre
fue vestirse,
y sobre todo cubrir la edénica inocencia
de su desnudez
con el artificio del disfraz,
aquel que nos sostiene
ante el mundo que nos rodea,
cien partes y una más
de aquello que nos vigila.

Colombina y Arlequín,
la bruja, el ogro malvado, el hada maravillosa
y algún que otro ser que ronda por los rincones.

En esa danza teatral
con cierta estupidez matemática,
cada uno ocupa su sitio
por tiempos y en cada escena
sujetos por el hilo liviano de la vida.

Así, de disfraz en disfraz,
nos divierte la representación.

Al cabo todo se anula
en la memoria del tiempo
con un último disfraz.

VOCES

Aquellos que saben
bajo el mármol sereno
las angustias de los que visan
un nuevo día.

Los que saben del grito,
del torpe sueño cuando llega el ocaso,
aquellos bajo un tiempo vertical,
los que moran en discretas avenidas
donde la luz se apaga al amanecer
ya saben todo aquello por sabido,
las cosas que nos mutan bajo el astro.

¡Así nos hablan!

Pobres criaturas,
vivís en la perpetua blancura
de páginas abiertas.
Cenizas suspendidas entre árboles
esperando renovar el misterio.

¡Así nos dicen!

Apenas si sois ciertos.

COETÁNEOS

Protegidos por un ancho espacio
que nos separa,
mis coetáneos vienen y van
en el hacer la guerra por su cuenta,
embutidos en sus traslúcidas
bolsas de plástico.

Como peces de acuario miran
con vacuos ojos la vida en color,
mientras la gris cotidianidad
los sujeta y ahoga.

Sus altísonas voces propugnan
sus logros y consignas
mientras la multitud anda muda
ante el horror,
lucen la destemplanza
propia del abandono de aquello
que un día les uniera:
la célica esperanza.

Subido yo a una pompa de jabón,
admiro su caminar.

EL VIAJE INACABADO

Y el tiempo correrá
con nuestra ausencia a cuestas,
porque él no es de todos
ni de nadie,
sino aquello que mide el aire.

Nosotros, caídas hojas
del árbol de la vida,
uvas arrancadas
del racimo universal
cuando la arrugada piel
así lo demanda,
seguiremos la estela
de un viajero viento.

El mismo sol
hará brillar en el trigal
el oro de la espiga lanceolada,
barnizará las pieles
sobre la misma arena
con su agareno tinte,
madurará el fresal y el limonero
para que aquellos sepan
del agraz y la dulzura.

Y nosotros seguiremos
nuestro incierto viaje.

Un fantasma del presente

Acaso una figura
—velada tras el vaho del cristal—
mira en la lejanía
el origen perdido de lo escrutado,
aquel yacente sol
sobre la sangre derramada
que hizo florecer
las nuevas flores del jardín.

El moho del tiempo
licúa los ojos que
como el cristal se velan,
la rojiza pintura del cielo
anuncia su fin,
cae de su marco
el diluido óleo del día.

Tras la ventana un nuevo
fantasma recrea el paraíso.

Del músculo

Músculo que fatigoso
la larga senda te trata.
Pensamiento que corres, llegas
a la cumbre y saltas.
Razón que alegre vuelas
con tus alas de vientos y de plata.

La mirada se va licuando
frente a un mar azulado y luego malva,
y un moteado de nieve allá en la sien,
donde aún la sangre cañonea y cabalga.

Si el pie, con hierro, el sendero recorre,
si cadenas le han salido a tu audaz zancada,
tu mente no se estrecha
con cauces ni con vallas.

La idea sigue bullendo,
el armazón se desbarra.

Pensamiento que corre,
llega a la cumbre, salta y vuela sin traba.
Mientras, el músculo
gime sobre la grava.
Y al cabo,
la senda mira y calla.

A TANTOS DE AQUELLOS

¡Aquellos!

Los que miran la oquedad
de su patria, húmeda y oscura,
los que hacen del rosario
un lazo corredizo
y ven las maderas
articuladas andar de paseo.

¡Aquellos!

Los que esconden su miedo
bajo bóveda y escupen
la piedad de su maestro,
los que entiban su moral
envuelta en trapos, los que colorean
el adoquín con plasma inútil.

¡Aquellos!

Los que aman de rojo herido
y no de azul viajero
la esquiva vida,
fiados a tal pureza,
como uno más pasar los veo:
reata de perfiles hacia el descarne.

Los seres humanos solemos ser
pompas de jabón a punto de explotar.

II
De rojo herido

Ella

Espada mortal que sobre mi cuello amenaza
y no espera sino herir como de muerte.
No quisiera que vivas en mí
como cósmico reloj, cernido,
impaciente ante mi sombra.
¡Vuela tiempo!, fuera de quien no te nombra.

No te acerques,
nombre eterno sin fecha,
compañera de aquellas noches
y de las que por venir llegasen,
beso de hielo en la madrugada.

No quisiera tragar ese polvo,
esa tierra de alba,
no todavía, no aún,
esa luna de olvido.

Ni morder esa garganta.

Ni beber esa agua.

Ni que gima otra vez la noche en su palabra.

No aún, mortal espada.

EL TEDIO

Sentado en el principio
gastado de un lunes,
reviso la fórmula
con que gastar otra jornada.

Este pasar las hojas bajo el palio
azúcar y móvil de las nubes,
este portafolios de la vida,
este hobby
de un agostado dios llamado Cronos.

Aquí averiguo que
la esperanza no es un vértice A,
sino los cuatro puntos
del círculo de luz que nos contiene.

Y yo sentado en el principio,
mirando esa rosa
de pétalos en fuga.

LA PROPUESTA

Me abrumo bajo el peso de las dudas
que en general siempre llevamos.
Me transporto en la certeza
que todos ya sabemos.
Sueño con tus sueños, por sabidos,
y me engaño, a buen recaudo, con los míos.
Practico las maldades heredadas
y acaso tiemblo ante los miedos figurados.
Evacúo las sustancias que me ensucian
a veces al anuncio de las gentes
exhibiendo mi vergüenza de animal
al corro de miradas observantes.
Vivo al traspiés de mis monedas
e imagino la fortuna bajo sospecha.
Todo para cambiar en un sudario
el oropel de aquel traje de fiesta.

¿Qué me propones entonces tú
si somos dos gotas de la misma agua
de un río que ya ha pasado?

CRONOS

¡Ah, si pudiera!,
amanecería abrigado a la infancia,
acunado en nanas de leche y miel
con un llanto de nueva esperanza,
y en la comisura de la boca
de aquel que vino a ser, la baba.

Pero Cronos llama
y a su furia he de ceder.

¡Ah, si pudiera o pudiese!
con un nuevo catón aprender
a ser niño con el pluscuamperfecto
abierto a cualquier
aventura, con el dedo en preguntas
todavía hoy sin responder.

Pero Cronos llama
y a su furia he de ceder.

¡Ah, si pudiera!
postergar la impaciencia,
destrozar a este agresor,
hacer valer la clemencia,
y volver al amor
de la leche materna
de aquel amanecer,
la abrigada caverna.

Pero Cronos llama
y a su furia he de ceder.

¡Ah, si pudiera!
en este desabrido invierno juvenar
con un clavel de pasión
tanta sangre como incorpora el día, amasar
la justa medida de odio
hasta llegar al podio, al pedestal,
volviendo a la niñez.

Pero Cronos llama
y a su furia he de ceder.

Causas y efectos

Los hoy ya olvidados.
Los aún recordados.
No le faltan encantos a este feo mundo
en su belleza exterior.

Ese pulso de sangre, su alegre rojo,
y el fresco y verdeante río
que disuelve su amargo sabor.
Ese cielo de nubes ambarinas
surcado por gráciles pájaros de acero
que descargan sus flores de fuego restallantes.
Esos amaneceres por cuya belleza
es imprescindible abrir los ojos de par en par.

Donde hubo piedra sobre piedra,
tapando miembros,
hoy corren niños de verde pisada
tras una bola, como aquellas balas de cañón.
Y ese coloreado jabón líquido
lavando todas las heridas.

Todos los espacios juegan al azar,
vagan por el mundo.
Los efectos desbocados de las causas
suben y bajan los telones
de un escenario.

Y aún se oyen murmullos de una risa.

Locos calderonianos

Qué fugacidad
en la oquedad de las ventanas.

Escapan por ella los sueños
albergados en la zona oscura
de las vigilias;
aquel lugar donde se mueve
la mitad de nosotros,
aquellos que no le deben miedo
a volar en los espacios abiertos,
esas siluetas de la noche
que en el alba gozan
de la libertad de la luz;
locos calderonianos
que no se privan de soñar
a ojos abiertos.

Lo que hubo que hacer

Debimos proteger
mejor el cuerpo y no
volver a caminar
lugares donde habita la rutina;

debimos limpiar de zarzas
aquella fuente,
porque el agua sabía a indiferencia;

debimos exigir
más del grito,
más del poema y gracias,
tras el murmullo;

debimos saber que el sol
es de todos, pero hay peligro
si lo miras de frente y muy seguido;

debimos saber
que abundan los espejos
que deforman verdades, conocer
que no hay besos más puros
que los que el viento da,

y que tenemos
una amiga que espera tras
la cortina del tiempo.

El ansia

Porque no es posible
mirar hacia adelante
sin haber reconocido
lo que atrás dejé:
acepto mis victorias
sabiendo mis derrotas.

Porque es doloroso
buscar respuestas
en días transitables,
en los vientos que nos mudan,
en este río que nunca es igual
pero reconocible en sus aguas:
hay noches en que avisto
la luz en el nublor de las alturas.

Miro a mi alrededor y descubro
las sombras que me acompañan,
no veo luminaria
que me ciegue o deslumbre; todo aquello
que me asustó fue vencido
y aquel abismo hollado.

No hay peana que soporte
tanto dios de escayola.

Me sumerjo así en la ova cósmica
junto a las oscuras sombras.

La historia interminable

Qué sentido tiene
alcanzar la conciencia de una edad,
rodar horas y horas
aupándose en peanas de barro,
probar el icor de los dioses
y la bajada a los infiernos
habiendo padecido las heridas
de la juvenil locura;
esa heredad maquillada
de falsos recuerdos,
memoria aparcada entre
lo que debería haber sido
y lo que hoy es cierto.

Comienza así el poema
que leeremos a las gentes,
sombras chinescas sobre
las paredes del tiempo,
sementera de otras vidas.

Alzado entre escombros,
voy pagando a plazos
la opinión vertida y la verdad oculta.

Se sabe que los poetas
solo la dicen al contar
lo que no es cierto.

EL FRUTO EXQUISITO

La dignidad,
ese sentimiento tan íntimo
como el miedo que portamos
desde la primera luz.

Cuando el hombre la pierde,
¿qué escenario se invierte dentro de él?,
¿qué luz se apaga?
¿Es tan irrelevante su pérdida
como se infiere del proceder actual?

¡Oh, luz interior
que iluminabas el paso
de aquellos que fueron
savia numantina,
savia que respetaron hasta sus vencedores!

El hoy te rinde homenaje
en el ara de los sacrificios.

Una broma genéticamente macabra

De lo que fuimos y somos
al compás de los vientos
nos va alegrando las horas
el sexo rutinario
ofreciendo desvarío,
pagado a veces con sangre,
lo que mueve el tránsito de la vida;
génesis y esteroides al libre albedrío.

Simple en su función
este prolífico edén,
amalgama de luces y sombras
donde vuelan o se arrastran
todas las figuras de este puzle.

Todo depende de la seda o del esparto
en que alborees:
vaya por suerte entonces el asunto.

Luego, ándese entremedias la excepción
—o algún misterio que nos ayude—
para seguir creyendo en lo que somos.

FEOS POR CONCATENACIÓN

Arguyendo un bajo tono en mi decir,
pero de enorme capacidad clamatoria,
os reclamo,
¡oh malvados de semblante circunspecto!:
no os importa que os implanten
notas de imbecilidad
en vuestro diario aspecto.

Lucís feos por concatenación,
como salidos de un mismo huevo matriz.

El mismo tono de voz en vuestros púlpitos,
el mismo gesto, el mismo giro, para convencer
y convenceos.

Lucís feos.
La mentira os une y agrupa, y bajo
la cómica o cósmica lupa pública se os ve
feos por concatenación.

Adoráis al sillón que ocupa vuestra plaza
y os preocupa más seguir la baza
que un hueco en el tanatorio.
Quisierais como el Tenorio
volver junto a las estatuas
a seguir con vuestra oración.

Se os ve feos por concatenación.

Del lenguaje

Introducimos toda la vida
bajo la lengua,
hablamos a cada momento
como si la viviéramos,
deshacemos horas
en vanas charlas que desaparecen.

De esa forma profunda
traicionamos a un cuerpo
que se va marchitando,
y eso por sí mismo
se va convirtiendo en pasión;
aducimos
condicionamiento social
a ese soliloquio que mantenemos
con una sorda deidad,
a esa aventura por entregas
que es el tráfago diario
de las conversaciones.

Todo por mantener ese sonido
que nos distingue
del resto de las demás fieras.

SOMBRAS NADA MÁS

Ni caricia piadosa de lo fingido,
ni tacto de la carne entre las sombras
que a diario nos rodean.

Solo viento que transporta polvo
tras aquella
afortunada pausa de un latido.

El numerario moviéndose al compás
de una desequilibrada danza
bajo la batuta que portan camanduleros,
música también amenazada
por esa nota carente de sonido: el silencio.

Y ahora quizá solo nos quede
la terrible intuición
de que nada de lo contado es creíble,
de que el miedo parió lo evitable
y el desconcierto anula el pensamiento.

Tal vez el castigo más terrible que se nos dio
fue saber discernir.

Suelo repetir mis errores
porque al cabo de mucho hacerlo
alcanzan cierto grado de perfección.

III
Razón de la tinta y su recuerdo

El trazo de vida

Vuela sobre el níveo lienzo
y combate a los monstruos
que aletean en las nocturnas horas
—esos cadáveres sin rostro
que pueblan nuestros sueños—,
abre después a un exterior
de luminoso azul y verde
la ventana sin marco.

Solo ella, nuestra pluma,
ella sola nos salva con su trazo,
grácil pirueta alada
de bailarina niña o
fatigada artesana.

Solo ella mitiga
el vital arañazo, nuestro
íntimo soliloquio
con la sorda y la inane deidad.

Ah, solo por ella merece la pena
ir sufriendo el letargo de la vida.

Tiempo de réditos

A Manuel Neila Lumeras,
por un 16 de junio

Porque tú y yo hemos vivido
esa muerte inevitable,
nos hermana transitar por el recuerdo,
vislumbrar un camino tras la ausencia
y amoldarnos
al rigor del presente.

Ahora que ya no le somos
extranjeros a la muerte,
y, como bien
dice tu poema,
sigue cotizando a plazo fijo,
pongámosle dique a la pena
y saquemos
réditos a lo aquiescente,
a la obviedad.

A FÉLIX GRANDE EN SU DESPEDIDA
[De aquel 30 enero]

En los ángulos oscuros del salón
—con la tibieza de un llanto
en los ojos contenida—,
Cuenca, Ávila y un Caballero llamado Bonald
esperan embaular su poesía.
Mientras,
en un *Más Allá* vigilante,
Félix el Grande cumple vigía.

(Vuela el quejío,
duermen los tarantos,
el martinete en su fragua
golpea duro el espanto,
la soleá anda más sola;
alegrías y fandangos
vuelven su rostro "pa' no ver"
los palos en cortejo, enlutados,
y en los ojos contenida,
la tibieza de un llanto).

En los ángulos oscuros del salón
—con la tibieza de un llanto
en los ojos contenida—,
Cuenca, Ávila y un Caballero llamado Bonald
esperan embaular su poesía.
Mientras,
en un *Más Allá* vigilante,
Félix el Grande cumple vigía.

UNA CUESTIÓN DE DIOSES

En el tiempo que te queda,
miéntete con dignidad,
no indagues la cuestión
porque ya conoces la respuesta,
no alcances aquello
que lograr quisiste
porque cambiarías todo lo dictado
y los dioses nunca
dan una segunda oportunidad.

Por sus raíces
los conoceréis,
son aquellos que te ocultan
el árbol para decirte luego
que te abrigarás
bajo su sombra:

cuando el final se anuncie
dirán que has desertado.

FUNDIDO EN NEGRO

Siempre hay un paisaje
donde sobreviven viejas heridas,
cicatrices doradas,
ecos de gritos y ebúrneos hematomas,
reflejos de un tiempo
donde el vivir era cuestión
de estratagemas.

Alguna vez fue suficiente
con no hacer sombra en la pared,
otras no tener ni esperanza:
siempre hubo flores rojas
que esconder y hombres perplejos.

Alguien ha de morir
—es cuestión de estadística—,
de modo que si vuelan mariposas
a tu alrededor, sonríe;
por hoy la lluvia cumplió su cometido,
la ciudad ha sido limpiada:
ahora fundimos en negro.

Un poso del tiempo

Que ha venido a arrasar la infancia,
está claro, porque ya no duele
la espantosa impaciencia.

Uno quisiera volver el rostro
y destruirlo, pero ya es tarde,
tarde hasta para la noche
que va cernida.

Vuelve a amanecer
con el sonido del sueño
pegado al despertador,
solo te queda mirar
esos posos de un café centenario
o mirar allá, allá, hacia atrás,
donde sigue llorando
tu paraíso, la niñez.

Porque ha llegado otro lunes,
llueve, y es
irremediablemente reconocible.

LO QUE ACASO ESPERAS

Si tienes
la sangre propensa a la fiera espesura,
no es de esperar que un verso
corrija el ritmo
de su circulación.

Nunca el amor
es como lo cuentan los poetas,
ni es verdad que el Oriente
marque el idilio
de la luz lunar con él.

Puede que el poema
no te desvele
lo que de él esperas,
ni que la vida se esconda
tras sus palabras.

Atado a todo eso
muere viviendo el poeta,
creyendo poner
en sus escritos todos sus enigmas,
el misterio de aquello
que se llama vivir.

Y en cada línea de papel escrito
surge el abismo de su caída
y el desespero de sus noches...,
para todo lo demás, que acaso esperas,
solo queda la fe en los milagros.

EL HOMBRE DE NEGRO

El corazón en la boca
y el alma como un furioso lamento
cruza la triste distancia,
el enorme espacio que separan
los días, las noches y más días
que vaticinan semanas;
como una lóbrega promesa
vaga ese hombre vestido de negro,
raídos los bajos del pantalón
por el barro de tantos inviernos,
el latigazo del odio
cruza su faz de destierro.

Oh, sí,
      camina y camina
ese hombre vestido de negro.

Todos le dan reverencia,
todos le cumplen por miedo, y él,
oh, sí, camina, camina,
deja atrás su silencio,
va bruñendo los campos
de coraza y metálico fuego.

No pereza su paso,
nunca cierne su celo,
nunca cierra fronteras,
nunca parcela el suelo,
como lóbrega promesa
el pálpito de su pecho,

y el latigazo del odio
cruza su faz de destierro.

Oh, sí,
     camina,
          camina,
               camina...,
ese hombre vestido de negro.

CUENTO PARA NIÑOS GRANDES

Que no han de ser todo
penas y circunloquios,
alguna risa os es debida.

Es por ello que a contaros
paso el cuento
que a muchos puede
que sucediera,
si no a todos igual,
de manera parecida:

Nací en un tiempo
donde todo estaba por hacer,
aparecí por el zaguán
como todos, sin habérmelo pedido
y cabeceando la puerta,
eso sí, la alegría
—al menos tal me han contado—
alumbró la colindante huerta.

Con un chorro de agua molesta
me pusieron un sobrenombre,
además del que al venir (hombre) traía.

¡Y a cumplir con lo mandado!

Aprendí las cuatro reglas
y algunas más... que me aplicaron,
y así empecé a pasar
las hojas de calendario.

Fui capataz, servidor, mandamás...
y traductor
de los mandatos de otros,
y alguna vez hice
de mandria de ciencia fina.

Siempre tuve en alta estima
la hoja impresa y la pluma.

En el amor, lo de siempre:
luces, sombras y simiente.

Están
las hojas de mi diario
tiznadas de tirabuzones;
me habrán mordido
cientos de tiburones
y algunas lobas de luna llena.

No sé si ha valido la pena
el vivir lo ya vivido,
en todo caso hasta aquí
llegué porque me han traído.

TAL COMO ÉRAMOS

Quizá lo conozcáis
—yo por mi parte así lo creo—,
un tipo algo adusto, aunque a veces
surge un brillo especial en su mirada
y un rictus ilumina su rostro
de alegre sonrisa.

Con todo lo vivido, con todo lo sufrido,
y lo que espera ahí adelante,
nada impropio.

Hay quien jura que es
un cómico oculto.

Acaba siempre bordeando la vida
hasta el anochecer
por no reconocerse, y espera el alba
igual que la luciérnaga la oscuridad,
por darse brillantez,
aunque teme acabar siendo un triste gusano
de acolchado féretro.

De vez en cuando le tiembla el pulso
al recordar aquella férrea firmeza
y el impulso de penetrar
en todo lo oculto.

Lo más turbador es cuando me saluda
frente a mi cama, tras el azogue.

Reflexión

Yo era, perdón, soy fotógrafo.

Cuando empiezas una senda
estás condenado a seguirla, pero
—como aquellos
pistoleros antiguos de la Metro—
me he cansado
de darle al disparador.
Aquella pulsión
de captar instantáneas
comenzó a horrorizarme.

Un día, visitando viejos álbumes,
me enfrenté a la mirada
de mi desaparecida compañera
(faro de una juventud procelosa),
y aquella mirada
de una eterna tristeza
pareció reprocharme no dejarla
descansar en paz del todo.

¿Quién soy yo, me dije, para epatar a la torva?

Ahora tan solo inmortalizo, de cuando en vez,
las huidizas sombras de algún claustro
o el temor cristalino de ese charco
antes que lo evapore el sol.

Yo soy, perdón, tal vez fui, fotógrafo.

EL AUTOR AGRADECE

*A Ana María Reyes Cano
cuyo amor engrandece a esta
pobre criatura.*

*A Eugenio Rivera Claudio
por la sublimación que hace
en su prólogo
del autor de la obra.*

*A Mahalta
que resuelve la ecuación sobre
mi incógnita.*

*A mis coetáneos
que cada día ponen su huella.*

ÍNDICE

Esta edición quedó dispuesta para la tinta
el 18 de enero de 2026,
la vida seguía buscando la vida